心構え 思考 技術 が育つ

魅せる和太鼓

上達のコツ

打賊野武士代表

JN058429

「練習の仕方&考え方」の理解が、スキルアップの第一歩!

生きた音の
伝え方

確かな**実力を磨く**
練習法

チームワーク
向上の秘訣

『技術、表現、心』

日本の文化である和太鼓は、
各地域それぞれの伝統や伝承に於いてさまざまな打法や活用方法、
太鼓、撥、拍子、音色の用い方、作り方、選択選定があり、
東西南北、寒い地域や暑い地域、
祭事、神社、寺院、伝達手段、
また、豊作や雨乞いを願うものなど、
古来から深く根づいた日本の音であり文化であると思います。

また今では「TAIKO」として世界各国にも親しまれ、
それぞれの国で打法や楽曲が研究され
独自のTAIKO文化としても確立されつつあります。

歴史や伝統、音楽分野としての和太鼓、自己表現としてのツール、
教育、趣味、運動、健康の為など、それらを鑑みても、
和太鼓とは一概にこれが正解、不正解だと決められるものではなく、
裾野の広い、また奥深い文化であり音楽であると思います。

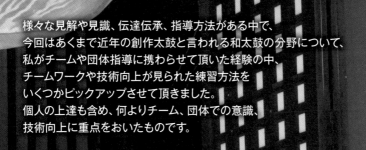

様々な見解や見識、伝達伝承、指導方法がある中で、
今回はあくまで近年の創作太鼓と言われる和太鼓の分野について、
私がチームや団体指導に携わらせて頂いた経験の中、
チームワークや技術向上が見られた練習方法を
いくつかピックアップさせて頂きました。
個人の上達も含め、何よりチーム、団体での意識、
技術向上に重点をおいたものです。

マンネリ化した基礎練習や伸び悩み、練習課題の増幅、
また技術だけに特化したものではなく、
太鼓を通じての個人の成長、意識改革、メンバー育成、チーム力向上など、
中学校、高等学校、また地域団体、クラブチームなど
和太鼓に携わる方々のお役立てにつながれば幸いです。

和太鼓集団　野武士　代表
川原邦裕

和太鼓上達の 7つの心得

和太鼓に取り組む上で、本書を通してお伝えしたいポイントを7つ紹介します。

一打の大切さ

カラダ全体で生きた音を出そう。
太鼓はきちんと打てばきちんと鳴ってくれる

リズム、フレーズ、細かな音

滑舌の良い音・悪い音

徹底した左手の強化

利き手と違う手を訓練して両手を同じくらい
使えるようになると打つ技術、打つ幅が広がる

2人1組による 基礎練、曲練

打つ側と観る側に分かれて練習することで、
メンバー同士が自立し互いに向上し合う

団体分けによる 競争意識

チーム分けすることで
競争意識が生まれ意識向上し、
団体演奏にとって大事なことを
学び合うことができる

アドリブ、ソロ回しの 必要性

小節の長さをカラダで覚えたり、音のズレを
理解しやすくなるなど、さまざまな効果がある

心
〜練習は考えることから〜

技術だけを習得するにあらず、
打ち手の育成から人間成長まで

魅せる和太鼓　上達のコツ
音の響きとリズムを極める！

目次

10　第1章　和太鼓の技術

74 第2章　舞台で生きる表現力

項目名

本書は和太鼓をより上達するために必要な技術や考え方を項目ごとにまとめて解説しています。

本文

各項目で各項目で知っておきたい基本的な知識や注意するべきポイントを解説しています。

第1章 和太鼓の技術

構え方

③ ヒザはやわらかく使おう

下半身の使い方

足の幅、左右の足を置く位置は太鼓の位置、打ち方によりいろいろとあります。たとえば、ぶせ打ちでは右手始まりを基準とするなら左足斜め前、右足斜め後うし前後左右どこから押されても踏ん張れる形を作り、なおかつ力を抜きヒザを固く使わずに次の動作に瞬時に動ける状態がベストです。左右のヒザは曲げるのではなくやわらかく使いましょう。

Point1

固く構えずに次の動作に瞬時に動ける状態に

左右どこから押されても踏ん張れる形で、固く構えずに次の動作に瞬時に動ける状態にしましょう。

ヒザはやわらかく使いましょう。

Point2

棒立ちにならないように

写真のように、足を少ししか開かず、棒立ちになっていると、カラダも使えずに腰先へ下がり、力を太鼓に伝えることができません。

Point3

二人一組で踏ん張れるか確認

二人一組で、一人の人が踏ん張っているのを前後、左右、斜めと押してみましょう。ゆれないように踏ん張るには自然と腰を落とすようになります。どこから押されてもふらつかないしっかり踏ん張れる形を見つけましょう。

16　　17

Point

項目に関連したより具体的なテクニックや練習法を紹介しています。

①和太鼓では、一線譜の線の上に右で打つ音を記し、線の下に左で打つ音を記します。

②アクセントを付けて打つ音の上には「>」の記号が記されています。

③右で打つ音を「R」、左で打つ音を「L」と記しています。

R R L R R L R R L R R L

第1章
和太鼓の
技術

① 一打の大切さ
カラダ全体を使って太鼓の生きた音を出そう

Point 1 太鼓は殴る→叩く→打つ→打ち込むと成る

殴る → 叩く →

腕を振り回して、殴るようにを打っても、鼓面（太鼓の表面）をこするような打ち方になってしまう。

太鼓打ちは太鼓を「叩く」とはいいません。叩くような動作をしても生きた音は出ません。

Point 2

太鼓に適した芯の音を出す

生きた音はしっかり太鼓が響くように力を伝えることが大事です。両方の鼓面だけでなく、胴、撥も鳴っているということを認識しましょう。その太鼓に適した芯の音につながります。

小さな音でもしっかり遠くまで届く

　より強く生きた音、より小さく生きた音を出すには力やカラダの大きさではなく立派な技術が必要です。打つ鼓面だけではなく、裏の鼓面まで力を伝えるイメージで打ち、大きな音も小さな音も太鼓の芯の音を出せるようにしましょう。矛盾があるように感じると思いますが、小さな音は振り幅や撥先を下げ強く打つと、生きた音として遠くまで伝わります。手打ちではなくカラダ全体を使って太鼓の生きた音を出しましょう。

打つ　→　打ち込む

太鼓の皮や胴が全て生き物から作られているということへの感謝を理解して、練習を重ねると、打つ動作が入ってきます。

知識、技術、心を磨くことに加えて、「魂を込める」＝打つことができるようになります。

Point 3

薪割りをするイメージで打つ

殴る、叩くではなく太鼓を理解し、カラダ全体を使って打つことが大切です。例えば薪割りは、薪の最後まで切れ目が入るようにまっすぐ打つと割ることができます。そのイメージで打ってみましょう。

構え方

2 丹田を意識し力を抜いて アゴを引いて構える

Point 1

背筋を伸ばして しっかり前を見据える

front

上半身は胸筋あたりに照明が当たるイメージを持つと自然と背筋が良くなります。

カラダの中心である丹田（おへその下あたり）に力を意識し、上半身・下半身バランス良く使いましょう。

両足を肩幅以上に開き、ヒザをやわらかく、足の指で地面をとらえます。

Point 2

アゴを上げない

アゴはカラダ全体を使う動作に大変重要になります。アゴを引くことにより体幹の意識、動作の安定感へとつながり、腕の振りや撥先へ力を伝えやすくなります。

力を抜いてリラックスする

和太鼓を打つときの構え方で、最も重要なことは力を抜き、リラックスすることです。緊張してカラダに余計な力が入っていると、カラダと腕がスムーズに動かず、結果撥先に力が伝わりません。構え方として

は、撥先までをしっかり伸ばして太鼓との距離を確認しましょう。猫背になったり前かがみになると太鼓が打ちにくく、客席から見たときに印象が悪くなってしまいます。

side

目線は基本的に前を向きます。

腰を落とす前、肩から撥先までを伸ばし、鼓面の真ん中やや手前に撥先が届く距離にします。すると、腰を落として構えたときに肩の位置が下がるので、鼓面の真ん中にきれいに撥先が届きます。

腰を落として構えます。おへそが、太鼓の中心に来るようにしましょう。

Point 3

腕と撥を二等辺三角形に

肩から撥先までは上から見た場合、肩を底辺に二等辺三角形になるように構えましょう。手首で一回曲げてしまい、五角形になるとヒジが開いてしまい、カラダから伝わる力も撥先に伝わりません。

3 構え方
ヒザはやわらかく使おう

Point 1

固く構えずに次の動作に瞬時に動ける状態に

左右どこから押されても踏ん張れる形で、固く構えずに次の動作に瞬時に動ける状態にしましょう。

Point 2

棒立ちにならないように

写真のように、足を少ししか開かず、棒立ちになっていると、カラダも使えずに撥先も下がり、力を太鼓に伝えることができません。

下半身の使い方

足の幅、左右の足を置く位置は太鼓の位置、打ち方によりいろいろとあります。

たとえば、伏せ打ちでは右手始まりを基準とするなら左足斜め前、右足斜め後ろとし前後左右どこから押されても踏ん張れる形を作り、なおかつ力を抜きヒザを固く使わずに次の動作に瞬時に動ける状態がベストです。左右のヒザは曲げるのではなくやわらかく使いましょう。

ヒザはやわらかく
使いましょう。

Point 3

二人一組で踏ん張れるか確認

二人一組で、一人の人が踏ん張っているのを前後、左右、斜めと押してみましょう。ゆれないように踏ん張るには自然と腰を落とすようになります。どこから押されてもふらつかないしっかり踏ん張れる形を見つけましょう。

撥の持ち方

大きな音、強い音を出すときは小指側
小さな音、細かな音を出すときは人差し指側

指先までが自分のカラダですが、
撥先まで神経が通っているように
イメージして撥を使いましょう。

固く握り締めず、やわらかく握る

指の中で一番力が入るのが小指側です。大きな音、強い音を出すとき、太い撥や長い撥を使うときは、小指側で握ってみましょう。

また、小さな音、細かな音を出すときは撥先をすばやく動かさなくてはいけません。細かく打つためには人差し指側でやわらかく握り、撥が手の中で可動するようにしましょう。

Point 1
人差し指と親指の付け根のところを空ける

親指の第一関節あたりで握り、人差し指と親指の付け根のところにすき間を開けて握ります。撥が動く部分を作り、手の中で撥を可動させましょう。

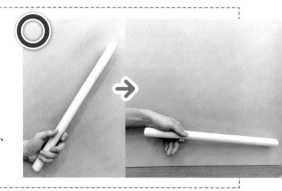

Point 2
固く握り締めると力が伝わらない

固く握りしめて手首だけを使って打とうとすると撥を固定してしまい、撥先が走らず、また鼓面に力も伝わりません。

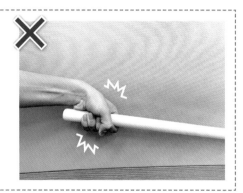

Point 3
撥先で文字を書いてみよう

どうしても固く握りしめてしまったり、やわらかく握るイメージがつかないときは、撥先で文字を書いてみてください。そのときの指や手の感覚、やわらかい握り方を参考にしましょう。

第1章 和太鼓の技術

撥の選択

撥の選択の基本はヒジから中指の先端までの長さ

Point 1 自分のカラダにあった撥を選ぼう

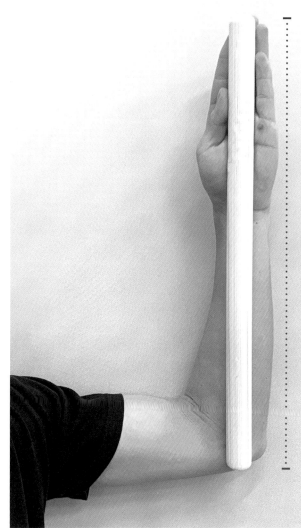

撥の長さ
＝
ヒジから中指の先端を
のばした長さ

自分が振りやすい一番最適な長さ

　撥を選択するとき、長さは一般的に、ヒジからのばした中指の先端までと同じ長さが良いといわれています。

　初心者の方など、はじめて撥を選ぶとき、参考にしてみてください。

　また、その他にも使用する太鼓や楽曲、出したい音によって太さや長さ、材質や形状の異なるさまざまな撥の選択肢があります。

Point 2　撥にはさまざま種類がある

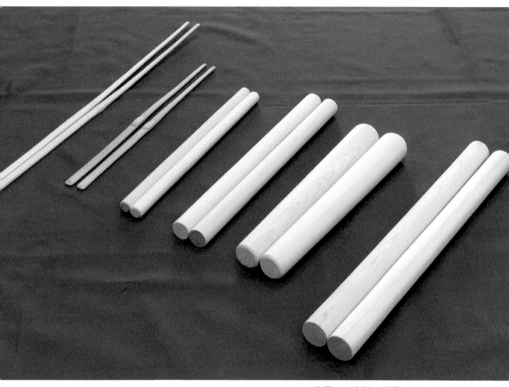

　使用する太鼓、楽曲、出したい音に対する選択として、撥にはテーパー撥、竹撥などさまざまな種類があります。形状も細い、長い、太い、短いなどそれぞれ異なり、硬さもやわらかい撥、硬い撥などがあります。出したい音に対して選んでみましょう。

ヒジの重要性、撥の当たる角度、鼓面の打つ位置

6

ヒジから入り鼓面に対し わずか上の角度に打つ

Point 1

ヒジの使い方

太鼓を打つときは、腕の力を抜き、振り下ろした腕がヒジから鼓面に向い、小指側から入っていきます。撥は最後まで立っているイメージです。打ちはじめたばかりの人は打ちたいばかりに、撥先から鼓面に落ちてしまいます。すると、撥が鼓面に当たる角度は深すぎて音が出ません。反対に浅すぎると手前のフチに当たってしまったり、面打ちになってしまうので注意しましょう。鼓面の角度に対しわずか上に、最も撥先の力が太鼓に伝わる角度があります。また、太鼓に対し力が真っ直ぐに伝えられるように確認しましょう。打つ側の鼓面を叩くのではなく、反対側の鼓面まで打ちぬく感覚で撥先から太鼓本体に力を伝えましょう。

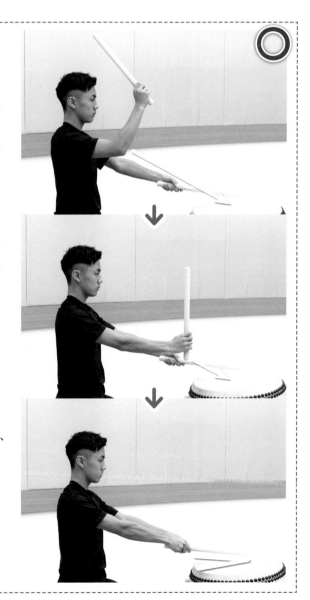

撥が鼓面に当たる場所に注意

音を出すには、撥が鼓面に当たる角度が大切です。撥が鼓面に当たる角度が深すぎると手首が折れてしまい、撥先に力が伝わりません。反対に浅すぎると手前のフチに当たったり、面打ちになってしまうので気をつけましょう。鼓面の角度に対しわずか上に、最も撥先の力が鼓面に伝わる角度があります。太鼓に対し力がまっすぐに伝わっているか、打った後の撥先はまっすぐに跳ね上がっているかも確認してください。

Point 2

力を真っ直ぐに伝えて打つ

打った後の撥先は真っ直ぐに跳ね上がっているかも確認しましょう。ひっかく、こする、なぜるなど、撥先が左右に跳ね返されている場合は、力が真っ直ぐに伝わっていません。そして、打つ鼓面の場所は真ん中よりやや外側です。鼓面の中心より上下左右やや外側に太鼓内部でより共鳴を生む場所があります。

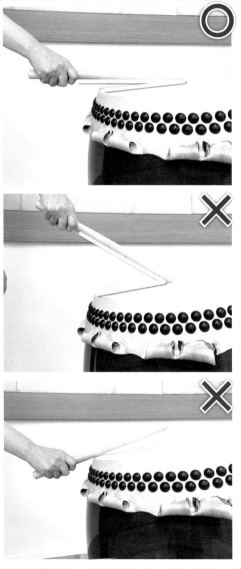

打ち方
打ち終わったあとにヒジが
カラダに近づかないようにしよう

Point 1

**ヒジがカラダに近づいて
いないか確認しよう**

打ち終わった後にヒジがカラダ
に近づいていないかを確認しま
しょう。撥が長い方が大きな力
を働かせられるので、肩から撥
先までを撥ととらえましょう。

前で打てていて、
カラダにヒジが近
づいていません。

肩から撥先まで撥ととらえよう

太鼓を前で打つことにより腕、ヒジ、撥先までの連動性と力が伝わりやすくなります。太鼓を下で打つと鼓面と撥先に角度がついてしまい音が出ません。手で撥を持つ以上、ヒジの使い方が一番大切です。ヒジから鼓面に向かうイメージで小指側から振り下ろすような感覚で打ってみましょう。撥先から倒れていかず、撥先は打つ直前まで立っているイメージです。ヒジが開くと軌道が変わり、撥先に力が伝わりません。

✖ ヒジから先しか使っていない

ヒジがカラダに近づいていると二の腕が動かず、ヒジから撥先までしか使われていない打ち方になります。

Point 2

カラダにヒジを固定させると音が出ない

撥をブレずに使いやすくしようとするあまり、カラダにヒジをつけて打つ人がいます。マイクなどで音を拡張することのできる打楽器ではそういう打ち方も見られますが、和楽器は自分のカラダ全体を使って大きな音を出さなければなりません。撥先に強く力を伝えるには、ヒジが最も重要です。必ずカラダからヒジを離し、肩から撥先まで腕全体を使えるようにしましょう。

25

8 打ち方（うちかた）
肩が上がったり、撥を強く握ると撥先に力が伝わらない

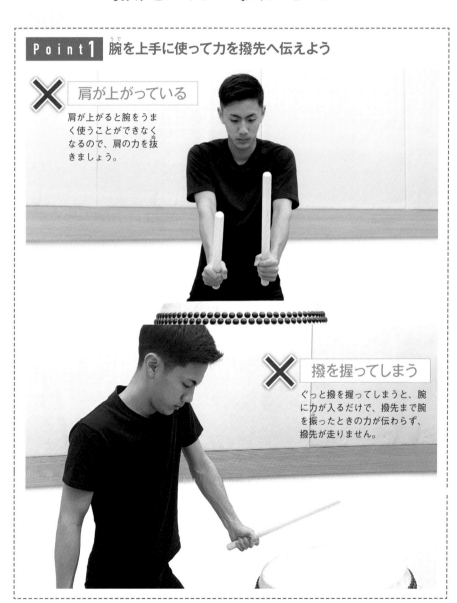

Point1 腕（うで）を上手に使って力を撥先へ伝えよう

✕ 肩が上がっている

肩が上がると腕をうまく使うことができなくなるので、肩の力を抜（ぬ）きましょう。

✕ 撥を握ってしまう

ぐっと撥を握ってしまうと、腕に力が入るだけで、撥先まで腕を振（ふ）ったときの力が伝わらず、撥先が走りません。

撥先を走らせよう

打つときに肩が上がると腕が使いづらくなるので、肩の力を抜きましょう。常に腕に力が入ると、撥先の重みを感じられず、インパクトの瞬間に撥先に力が伝わりません。

また、撥を強く握った手に力が入りすぎると、撥先が走らず鼓面に力を伝えることができません。肩、腕や握った手の力を抜き、肩から撥先までしならせて、最後に撥先に力が伝わるようにしましょう。

Point 2

腕をしなやかに振る

カラダ全体の動作が腕を通し撥先に伝わり、インパクトの瞬間に力を生みます。下半身→上半身→ヒジ→小指→撥先と力を伝えましょう。そのためにも、カラダの力を抜くことは大切です。

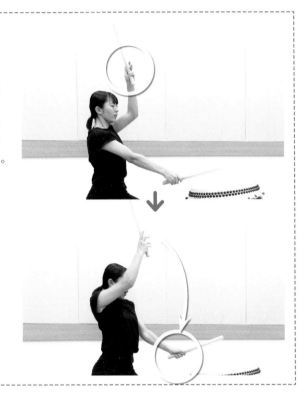

Point 3

振り方はゴルフのスイングと似ている

腕の振り方はゴルフと似ています。振ってやろうとカラダに力が入ると、かえってゴルフクラブのヘッドスピードが遅くなります。反対にゴルフクラブの重さを感じながら力を抜いて握るとヘッドスピードは速くなります。それと同じように撥の重さを感じながら握り、腕を振ることにより撥先を走らせ力を伝えることができます。

打ち方
ヒジが重要であることを認識しよう

Point 1 撥を手で握って太鼓を打つ以上、ヒジが最も重要

写真のように、太鼓の方向に撥を遠くへ投げようとするならば、ヒジが最も重要であることが認識できます。

Point 2

野球やバレーなどのヒジや腕の動きをイメージ

腕の使い方は野球のようにボールを投げる動きや、バレーボールのようにアタックする動きを想像してください。ボールを遠くへ投げる場合はヒジの使い方が重要であり、ボール（撥先）は一番最後に力が伝わる部分です。

引き手の連動性

腕を振り下ろすときは、腕を振り上げる手も重要です。野球、空手、ボクシングなどのように、引く手の勢いの連動性で、出る手の瞬発性を生みます。打つ手の逆の手をすばやく振り上げることが下ろす振りの速さにつながります。

振り上げる手はただ上げるのではなく頭上の太鼓（天鼓）を打ち込むイメージで振り上げてみましょう。

Point 2

サッカーのスローイングのカラダの使い方

スローイングをするときは、両手で持ったボールが頭の後ろに来るように思い切り振りかぶりカラダを反らせます。体重を乗せた足を蹴り、体重を移動させ、ヒジから投げる方向へ腕を振り、最後にボールに力を伝えます。これは太鼓の動きに似た動きがありますので、練習時にみんなで試してみてください。

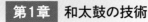

打ち方

10 インパクトの瞬間に小指、薬指、中指を使い音を締める

Point1

小指、薬指、中指を使って音を締める

一打の音、リズム、フレーズなどの最後の音、また休符前の音は当たる瞬間に小指、薬指、中指を使ってしっかり締める（強く音を出す）ようにしましょう。

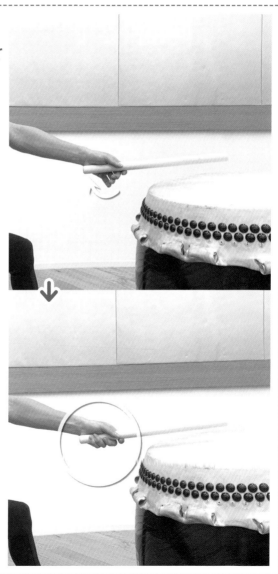

締める動作がないと音も棒読みのようになり楽曲にメリハリが生まれない

一打の音、およびリズム、フレーズの最後の音、休符前の音などは必ず小指、薬指、中指を締め、音を強く出しましょう。この締めるという動作がなければ、楽曲の流れが棒読みのようになり、メリハリが生まれません。

音尾（語尾）はしっかりと締めくくりましょう。感覚がつかめないときは、撥を極端に短く持ち、グリップエンドを腕に当てる練習方法を試してみましょう。

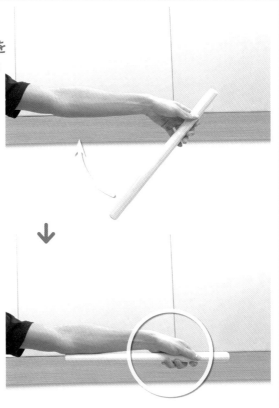

Point2

短く持ちグリップエンドを腕に当てて指の使い方を身につけよう

撥先の方を持ち、小指、薬指、中指を使って撥のグリップエンドの方を自分の腕に当ててみましょう。指を使う（締める）という動作がよくわかると思います。慣れたら両手に撥を持って、同時にやってみましょう。

この練習をするときは、撥を短く持ちすぎてヒジに当たらないように注意しましょう。

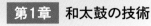

11 打ち方
素振り練習で指の使い方、撥の使い方に慣れよう

Point1 撥を手の中で前後に動かす

横から見て扇の形を描くように素振りをしてみましょう。

撥の使い方の訓練

撥の使い方、指の使い方に慣れるための素振りの練習です。撥を持ち、扇の形を作るように素振りをしてみましょう。手首を使わずに撥を前後に動かします。最初は自分の方に倒すように意識するとやりやすい

です。また、両手が離れたり、撥同士が当たったり、撥先が円を描くように動いてしまわないように、常にこぶし同士が同じ位置で振るようにしましょう。この練習をすることで、手の中の使い方や撥の使い方が上達します。

前へ倒してしまう ✕

自分と反対側の前へ倒すように振ると、手首が返ってしまいます。手首で振らないように、まずは自分の方へ倒すように意識しましょう。

手首で振ってしまう ✕

手首で動かしてはいけません。手首を使わないように、撥を手の中で前後に動かしましょう。

両手が離れてしまう ✕

素振りをするときは、常に左右のこぶしを同じところで振ってみましょう。両手が離れてしまうと撥先がまとまらず、横から見たときに扇の形が崩れてしまいます。

第1章　和太鼓の技術

腕の振り方（横から）

腕の動きは外側から内側へ
楕円形を描くように

Point 1　腕のルートは外から中へ

34

腕の動きは縦長の楕円形をなぞるように

腕の動きは、上から下へと同じ場所を通るのではなく、外から内に細長い楕円形をなぞるように動かしましょう。

上がる腕が外を通ることにより、動きの大きさが表現できるのと、振り下ろす腕が内から入ることにより、ヒジから太鼓に入ることができます。

撥を持たずに手で行う練習も効果的です。

Point 2

撥を持たずに手で行う練習

ウォーミングアップにも使える効果的な練習法を紹介します。まず、指先を撥に見立てて、上を向けます。そして、顔の斜め上くらいの位置に手を上げて、横から見て細長い楕円形をなぞるように動かしましょう。指先をのばした状態で撥先をイメージし、両方の手のひらは顔の中心を通します。

打ち方
13 左右連打の振り方は
カラダの中心と体幹を意識する

Point1

カラダの軸を作ることにより、
左右の腕が均等に使いやすくなる

撥を用い左右の腕を大
きく振る和太鼓演奏に
とって、その土台とな
るカラダの軸を意識し
作ることが大切です。

上半身が左右にブレないように

　左右連打の振り方は、カラダの中心と体幹を意識し、上半身が左右にブレないようにしましょう。カラダの軸を意識し作ることによって、左右の腕や撥もコントロールしやすく目線もブレず、鼓面を正確に打つことができます。

　カラダがブレてしまうと、撥が乱れリズムを崩しやすく、打つ動作にも影響してしまいます。

Point 2

丹田を意識して
ブレないカラダに

丹田（おへその5cm下あたり）はカラダ全体を使って動く動作に対し、上半身と下半身をつなぐとても重要となる場所です。丹田に力を込め、カラダの中心を意識し、どんなに激しく動いてもブレないフォームを作りましょう。カラダ全体を大きく使う和太鼓演奏にとって、最も大切なことです。

Point 3

二人一組でブレていないか確認

二人一組になり、前から見て左右にブレていないか、左右の肩のどちらかが上がっていないか、カラダ全体を使ってバランス良く太鼓を打てているかなど、確認し合いましょう。

14

打ち方
カラダの使い方、
体重のかけ方

Point 1 伏せ打ちは太鼓に対し上下に体重をかける

太鼓に対し垂直に裏の
鼓面にまで力が伝わる
ように下半身を使い体
重をかけてみましょう。

Point 2

上半身だけだと
ロボットみたいな打ち方になる

スポーツなどでも上半身を使うものは下
半身、下半身を使うものは上半身が大切だ
といわれています。腕や上半身だけで打
つとロボットみたいな打ち方に見えてしま
い、躍動感も感じられません。

躍動感にもつながる

太鼓の方向に対して上下、左右、前後に体重を移動させることにより、下半身を使った体重を乗せる打ち方となり、躍動感にもつながります。

伏せ打ちや横打ち、斜打ち、櫓打ちなど、太鼓の方向に向かい、上下、左右、前後に体重移動させ、腕の力だけでなく下半身を使い撥先に大きな力を伝えましょう。

Point 3

横打ちは左右に体重を移動させる

横打ちは太鼓の方向に向かい左右に体重を移動させていきます。

Point 4

櫓打ちは前後に体重を移動させる

大太鼓のような櫓打ちの場合は、太鼓の方向に向かい前後に移動させていきます。

15 打ち方
撥先に下半身の力を伝えるイメージ

Point1 両方の撥先を鼓面に当て太鼓を打つ方向に押す

両方の撥先を鼓面に当て、下半身を使い太鼓を打つ方に押してみましょう。下半身の使い方、体重のかけ方、撥先への力の伝え方のイメージがつきます。

Point3

体重を乗せるのはインパクトの瞬間

体重を乗せるのはただ単にカラダを下げるという動作ではなく、撥先が鼓面に当たるインパクトの一瞬に体重をかけます。その感覚がわかりにくい場合は、音を鳴らした瞬間に、同時に右足のカカトを一緒に踏んで鳴らしてみてください。

ドン！

やや後方体重で構える必要性

両方の撥先を鼓面に当て、壁や机を押すように、太鼓を打つ方に押してみましょう。すると下半身の使い方で体重のかけ方、撥先への力の伝え方のイメージがつきます。

また、太鼓は前で打つ以上、後方体重に

しておくと腕が使いやすく撥先にも力を伝えやすくなり、姿勢も良くなり、次の動作や体重移動にもすばやく反応できるようになります。

Point 2

足の位置が近いと
撥先に力が伝えられない

足の位置が近いと下半身は動いていても、ヒジが使えておらず、撥先に力が伝わりません。

後方体重で打つ	前方体重になっている

打つ前からすでに前方に体重をかけていると、腕や撥が振りにくく、カラダの前の空間を使いにくくなります。また、姿勢も悪く見え、次の動作も遅くなってしまいます。

16 滑舌の良い音、滑舌の悪い音
左右の音色、音の大小、強弱、撥先まで揃える

練習曲

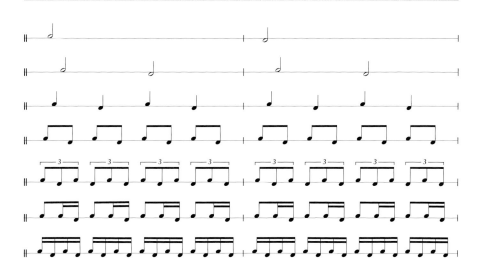

Point1

打つ場所を揃えよう

撥が同じサイズでも、撥の密度、重さ、左右の握り方、撥の振り幅や高低、鼓面の当たる位置で左右の音色は簡単に変わってしまいます。

右手はじまりでも左手はじまりでも同じ動きに見えるように

音が潰れる、間が取れずつっこむ、連打で左右が重なる、跳ねない音で跳ねるなど、器用な右手に左手が応じれていないケースが多く見られます。左右どちらはじまりで打っても遜色ないように音色、強さを揃えましょう。また、左右の握り方、撥の高低、鼓面の当たる位置で音色は簡単に変わります。単純なことですが、左右の音色、振り方、撥先を揃えることは強弱が肝である打楽器演奏には大切なことです。

Point 2

撥の高さを揃えよう

撥が高く上がると当然大きな音となり、低くなると小さな音になります。左右の撥の高さがバラバラだと、音も変な強弱がついてしまい、音色も変わります。また、撥がバラバラになってしまうと、せっかくうまく打っているのに、下手な演奏に見えてしまいます。

Point 3

左右の音をはっきり出そう

右手が器用でも、左手がうまく使えないと、八分音符を打って跳ねて打ってしまったり、トレモロなどを出すときに、左手が右手に重なってしまいます。また、三打ちのように３つ音が出なければいけないときに、音が２つしか聴こえず、濁った音や潰れた音に聴こえます。必ず左右の音がはっきり聴こえるように練習しましょう。左手がコントロールしやすくなると打つ技術、打つ幅が広がり奏でる音がカタコトに聴こえず、流暢な音に聴こえます。

Point 4

音符の長さ、速さを理解し把握しよう

同じテンポで全音符、二分音符、四分音符、八分音符、三連符、三打ち、16分音符を打ってみます。その際、カウントを打つ人が交代で必ず行うと、どこでリズムが乱れたかわかりやすく、自身が打つときの参考になります。また、逆に16分音符からもやってみましょう。間が増えて行くので待ちきれず、左が突っ込みリズムが乱れやすくなります。特に八分音符、四分音符あたりが速くなりがちです。増えて行く音（間を積める）よりも減っていく音（間が開く）の方が難しいととらえましょう。楽曲の中でも複雑な音より簡単と感じる音（四分音符、八分音符等）の方が気が抜けたり速くなりがちで、リズムを崩しやすくなりますので注意しましょう。

17

休符の訓練

大切な休符の 練習をしよう

練習曲

A 𝄆 ♩ ♫ ♩ ♫ ♩ ♫ ♩ ♩ ♩ ♩ ♩ ♩ ♩ ♩ ♩ ♩ 𝄇

B 𝄆 ♪ ♪ ♪ ♪ ♪ ♪ ♪ ♪ ♪ ♪ ♪ ♪ ♫ ♫ ♫ ♫ ♫ ♫ ♫ ♫ 𝄇

A 𝄆 ♪ ♪ ♪ ♪ ♪ ♪ ♪ ♪ ♪ ♪ ♪ ♪ ♫ ♫ ♫ ♫ ♫ ♫ ♫ ♫ 𝄇

B 𝄆 ♩ ♫ ♩ ♫ ♩ ♫ ♩ ♩ ♩ ♩ ♩ ♩ ♩ ♩ ♩ ♩ 𝄇

休符は苦手、間が取れないという人は多いと思います。太鼓は打つ音も難しいですが、打っていない間も難しいです。右手が入る音（表）ではなく、左手が入る音（裏）を使って練習しましょう。上記の練習曲は、二人一組でAとBにわかれ、片方が八分音符で地打ちを打ち、片方は休符の2種類を打ちます。四小節毎に地打ちと休符打ちを交代しましょう。最初、休符の音が取りづらいときは、地打ちの方が、左手の音を強く出してあげてください。また、休符から地打ちに変わるとき（裏から表）も注意しましょう。音がつっこみがちな人は、リズムキープを学ぶという利点があります。

Point1

最初は膝打ちで確認しよう

最初から太鼓で行うと、音の大きさや残音で間違っていることに気付きにくいため、最初は膝打ちで確認してみましょう。

地打ち、フレーズ、休符前の音は強く出して締める

　終わりの音である音尾(語尾)の音を強く出して締めます。

　楽曲のメリハリや掛け合いなどのつながりも良くなり、休符の間も際立ちます。反対に終わりの音が小さいと元気な音に聴こえなかったり、「？マーク」が付いたような中途半端な終わり方に聴こえてしまったりします。終わりの音や休符前の音をしっかりと出すくせをつけましょう。

P o i n t 2

音尾の音を強く出して締める

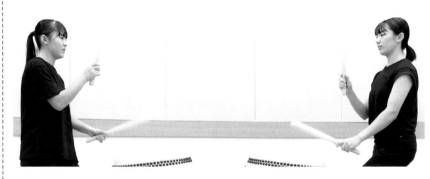

＼トン…／

終わりの音が小さいと、聴く人が元気がなく聴こえてしまったり、「？マーク」が付いたように感じてしまうので、最後の音は強く音を出して締めましょう。

左右のアクセントの練習

リズムを打ちながら左右のアクセントの練習をしよう

Point 1

和太鼓演奏ではアクセントが最も重要な技術

メロディーのない打楽器音楽には、アクセントの強弱がメロディー代わりとなります。左右どちらの手でも、アクセントを匠に操れるよう練習をしましょう。また、左手にアクセントを入れたときに、右手までついてこないように注意しましょう。八分音符の練習曲は、八分音符を打ちながら右・左のアクセントが変わります。三打ちの練習曲は、アクセントの順番が変わっていきます。リズムキープにも気をつけて行いましょう。

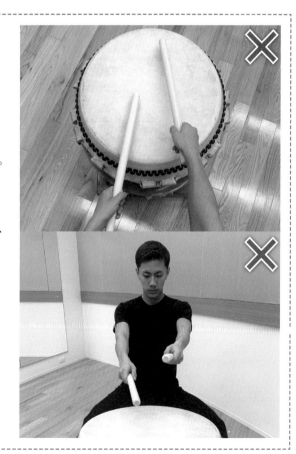

撥の振り幅、鼓面の打ち分け

アクセントを付けるときは、撥の振り幅を変えましょう。例えば、八分音符を普通に打つとき、その中でアクセントを打つときだけ振り幅を高く上げます。聴こえる音だけでなく、見た目でもアクセントが付いていることがわかりやすくなります。

または鼓面の打ち分けをすることで、音色も変えてアクセントがより理解しやすくなります。楽曲の際に音色を変える技術力のアップにもつながります。

練習曲（三打ち）

Point2

強く音を出す、また弱く音を出す

強く音を出す場面で演奏は速くなりがちです。反対に小さく音を出す場面では演奏が遅くなりがちになります。強く打っても、小さく打ってもテンポが一定になるように練習しましょう。

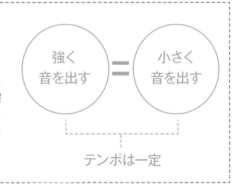

Check

小さな音を強く打つ

小さな音を弱く打つと生きた音として飛ばず、ただの弱く聴こえない音にしかなりません。生きた音を打つには、振り幅を極力抑えて鼓面に近づけて強く打ってみてください。大人の感覚で例えるなら、車のアクセルを踏んだ状態でブレーキを踏み、車を限りなく低速でゆっくり走らせるようなイメージです。小さな音を出すときには、息もつけないほどの緊張感を表してみるのも良い練習です。

19 打ち方
最後の音は締めて 鼓面のはね返りを止める

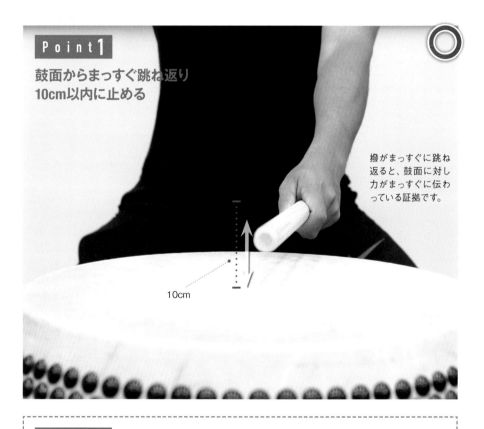

Point 1

鼓面からまっすぐ跳ね返り 10cm以内に止める

撥がまっすぐに跳ね返ると、鼓面に対し力がまっすぐに伝わっている証拠です。

10cm

Point 2

撥先が乱れると所作も決まらない

太鼓を思い切り強く打って鼓面上10cm以内に止めることはできますか？ 特に撥先が鼓面上10cm以内にピタッと止めることができると、インパクトを出す表現も強くなります。太鼓は撥の跳ね返りを利用しながらリズム、フレーズ等を打ちますが、最後の音や決めの音のときは、撥先やカラダを音と同時にしっかりと鼓面で止めましょう。最後の所作で「ヤー」と決まったときに、形を決めているのに、撥が斜めに跳ね返ったり、グラグラしてしまうと、所作も決まりません。

撥の跳ね返りをコントロール

打っている最中、打ち終わった後の撥先は鼓面からあまりに高く跳ね上がってしまうと撥の跳ね返りをコントロールできずに、次の音が上手く打てません。また、そのまま続けて打てず、次につながらなくなってしまいます。16分音符や細かな音などは撥先の跳ね上がりをコントロールできるように練習しましょう。撥を持たずに手でヒザ打ちを行った方が上手く打てるときは撥が上手く使えていない証拠です。

手前や横に跳ね上がらないように注意しよう

撥先が鼓面より大きく跳ね上がってしまい、次の音につながらず遅れてしまう場合があります。

打ったあとに撥が左右に跳ね上がると力がまっすぐに伝わっていない証拠です。

20 打ち方
打ち手自身で強弱を表現しよう

Point 1 打つ姿も音の大小を表現する

大きな音
撥先が上がっていると強い音を表している表現。

小さな音
撥先が下がっていると小さな音を表している表現。

Point 2

小さな音は右足を下げてみよう

小さな音は鼓面の手前側で打つ場合が多いです。そのままの姿勢だと手が縮こまってしまい形としても棒立ちになるので、その場合は、右足を後ろに下げ、手をまっすぐに伸ばして前傾姿勢で表現してみましょう。

撥の振り、幅の広さがより豊かな表現を生み出す

より小さい音を打ち表現することで大きな音が生き、より大きな音を打ち表現することで小さな音が生きます。

つまり、大きな音から小さな音までの幅の広さが打ち手の技術力の高さであり、より豊かな表現を生み出します。これは耳で聴く音の強弱はもちろんのこと、目で見る表現としての強弱もより音の豊かさを豊富にさせます。

Point 2

足を引くとき、戻すときは必ず中心がずれないようにしよう

太鼓を打つときは、自分のおへそが太鼓の中心を取るように構えます。足を引いたり、戻したりするときに注意したいのが、中心がずれてしまうことです。引いたときに中心からずれて、また戻したときにも中心がずれやすいです。右足を引く・戻すの動作のときは、必ずおへその中心が太鼓の中心からずれないように注意してください。

21 音の合わせ方
太鼓を使わずに
口唱歌で音を合わせる

Point 1

手拍子をしてもらいながらの口唱歌

今覚えているリズムや
フレーズ、練習してい
る楽曲の中のフレーズ
など、相手に手拍子を
してもらいながら、口
唱歌で練習してみまし
ょう。自分で手拍子を
するのではなく、他の
人にしてもらうことによ
り、音を合わせること
を意識できます。

タンタン
タタン……

Check

膝打ちを行うことは、単
純に音を合わせる練習だ
けではなく、強弱、抑揚、
アクセント、声を出すタイ
ミングなどを確認し合う
練習にもなります。音を
合わせることができたら、
重要点もお互いに伝え合
い、確認し合いましょう。
地打ちを打つ人は、単調
に地打ちを打つだけでは
なく、音やフレーズに合
わせ、表現を付ける練習
にもなります。打っている
人が気持ちよく打てる地
打ちを打ちましょう。

大きく聴こえる膝打ちで音を合わせる

太鼓の練習は、地打に合わせて打つことが演奏の基礎になりますが、はじめは太鼓を打つと自分の音が大きくて地打ちの音が聴こえず音がズレたり、また走ったりと間違いに気づかないことがあります。膝打ちなら地打ちの音が聴こえ、間違いに気付きやすく、相手にも伝えやすくなります。和太鼓の楽曲では、演奏時に誰かが段々と速くなると他の人もつられて速くなる場合が多いので膝打ちで速さを確認しましょう。

Point 2

膝打ちで地打を打ちながらの口唱歌

1人が膝打ちでリズムや地打を打ちながら、もう1人が口唱歌でフレーズを歌います。膝打ちは楽曲の中のリズムを打っているので、よりフレーズの乗せ方が理解できます。音がどうしても速くなったり遅くなったりする場所、休符、左手の音が入る場所の注意など実際に声を出しながら膝打ちをしっかり聴き、確認してみてください。

タンタン
タタン……

膝(ひざ)打ちで地打ちを打ちながらのフレーズの膝打ち

1人が膝打ちでリズムを地打ちしながら、もう1人が膝打ちでフレーズを膝打ちします。口唱歌だけでなく、実際に手で打つことにより、音が詰まったり、速くなったり、遅れたりする場所を確認できます。口で上手くできても、実際に手で打ってみたときに上手く打てないケースが意外と多いので、口唱歌も実際に入れながら、手で打つことも大切です。相手の地打ちが遅く感じる部分は自分が速くなっている場所、速く感じる部分は自分が遅くなっている場所ですので、確認してみてください。

トントントトン・トントトン・トン・ツトトトトトン……

Point 4

手拍子に合わせてのリズム、フレーズ膝打ち

1人が手拍子を打ちながら、それに合わせて、もう1人が膝打ちを打ってみましょう。手拍子は、地打ちとは違いリズムの感覚の間が長いため、細かくリズムを取るのではなく、大きくリズムを取る訓練になります。手拍子の感覚は、小節の頭にもなるので、小節の区切りも確認しやすくなります。細かくリズムを取っていると、速さが不安定になりがちですので、感覚を広くリズムを取れるように練習してみましょう。手拍子の打つ数が多いよりも、感覚を空けて打つことの方がより効果的です。

タンカ・タンカ・タンカ・タンカ……

22

音の合わせ方
足踏みしながらの
リズムとフレーズ打ち

Point1　足踏みしながらのリズムとフレーズ打ち

Point2

カカトを鳴らしながら
リズムを膝打ち

難しい人は、まずは太鼓は使わずに、イスに座ってやってみましょう。右足のカカトを鳴らしながら、リズムを手で膝打ちしてみましょう。四分音符、八分音符、三連符、三打ち、16分音符と挑戦してみましょう。練習のコツは、ヒザ打ちの音が大きいと足がつられてしまいますので、できれば、足の音のほうが大きいと、その足の音をしっかり聞きながら、打ち慣れてきます。

カラダで打つ感覚を養うことができる

実際の演奏時に足踏みはしませんが、足踏みをしながら打つことで演奏時のリズムの取り方、間の取り方を覚え、カラダで打つ感覚を養うことができます。左手で打つ音は足踏みをしていない間のときが多く、左手の音の感覚を取る練習に非常に役立ちます。段々と打つ音が速くなったり遅くなったりする、フレーズをなめらかに打てない、リズムに合わせられないという人は最初は難しいかもしれませんが、この打ち方を習得することによりフレーズの打ち方、リズムの打ち方が自分にとってわかりやすくなります。

Check

基礎練習ではいろいろな太鼓を打ってみよう

いつも決まった太鼓や担当楽器ばかりを打つのではなく、違う太鼓を打つことでより低音や高音の感覚、腕の振り方や跳ね返り方、いろいろな撥の使い方、太鼓の大きさや向きによる体重移動やカラダの使い方を経験できます。練習時にはさまざまな太鼓を打ち、幅広い感覚を身につけることが大切です。

23 徹底した左手の強化
利き手と違う手の訓練をしよう

Point 1 左手をもっと器用にし、打てる左手を作ろう

利き手と違う左手はコントロールしがたいです。また、一打の音、強い音、小さな音、細かな音、複雑な音を打つ技術、打つ幅が広がり、楽曲やフレーズ、リズム等も一本調子に聴こえず丸みができ、流暢な音を打てるようになります。

基礎練習を左手からも行ってみよう

「左を制する者は世界を制す」とボクシングの世界でも言われていますが、太鼓でも利き手と違う手（左手）を訓練して、両手を自在に使えるようにすることは何よりの目標です。どのチームでも日頃行っている基礎練習があると思いますが、必ず右手からはじめていると思いますので、その基礎練習を左手からも行ってみてください。それに加えて、三打ち、八分音符などの練習曲を載せているのでやってみてください。

練習曲①　シャッフル左右片手

シャッフルの「トンコ・トンコ・トンコ・トンコ」と跳ねるリズムの音です。それを左手と右手、片手ずつ行います。

練習曲②　八分左右片手

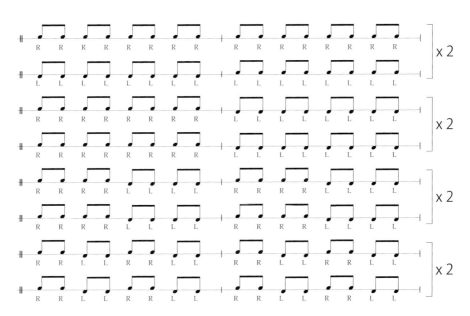

八分音符で、片手ずつ連打で行います。左右練習してみましょう。
※撥の振り幅を揃え、アクセントは付けないようにしましょう。慣れてくると速さや長さを変え、練習に少しずつ負荷をかけていきましょう。

x 4

三打ちの「トントコ・トントコ……」を左右交互に片手ずつで行います。片手ずつ連打しても練習になります。

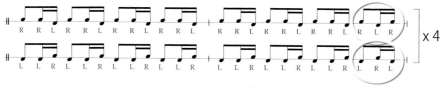

x 4

三打ちの左はじまり、右はじまりが交互に変わる練習曲です。

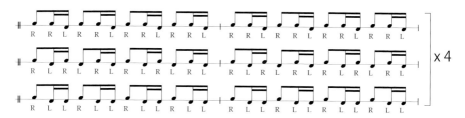

x 4

三打ち3種類全て違う打ち方の練習曲です。譜面は右はじまりになっていますが、左はじまりにも挑戦してみましょう。

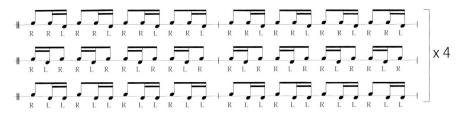

三打ちのそれぞれに違う音が3つあります。1つ目は「トントコ・トントコ……」の音で、2つ目は「トコトン・トコトン……」。最後が「トコンコ・トコンコ・トコンコ……」になります。細かな音がつぶれたり、詰まったりする人はぜひ練習してみてください。左からも挑戦してみましょう。

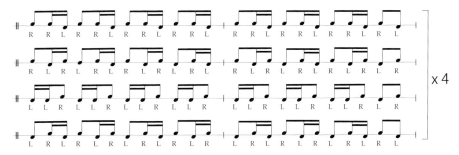

三打ちの2種類の打ち方を、右はじまりと左はじまりで複合している曲です。

Check

上記の練習でもいろいろな太鼓で行ってみよう

各練習曲のテンポの速さは各チームで決めてください。徐々に慣れてくると、テンポアップしたり、セット回数を増やすことで、より練習の効率が上がります。速くした場合に、左手の音が小さくなったり、左右の音が重なったりしないように気をつけましょう。必ず、どの音もはっきり聴こえるように打つ練習をしてください。打ち込む練習、撥の跳ね返りの練習にもつながります。

課題曲

課題曲作曲者
飛竜八幡太鼓代表
野本敏章

　最後の課題曲は9番まであります。まずは9番まで覚えてみましょう。四分音符、八分音符、三打ち、16分音符、休符などさまざまな音が使われていますので、みなさんの練習課題になると思います。右手はじまりでできるようになったら、今度は左手はじまりで行うことで、より一層の基礎練習となります。左手の強化をすることで、左右を遜色なく使えるようにすることを課題にしましょう。また、テンポやセット回数はそれぞれのチームで決めてください。譜面の場所によって、音が速くなったり遅くなったりしないか注意しましょう。慣れてくるとテンポや回数を増やし、それでも音をしっかり出せ、つぶれず重ならずに打てるように練習しましょう。左手は裏側の音が多く、左手の音を上手に使えることは音に表情を付け、技術力も格段にアップし、とても大切なことです。

①

②

③

Check

太鼓は音を覚えてからが練習のはじまりです。覚えただけでも速くなったり、遅くなったり、リズムを崩してしまうと、みんなで演奏はできません。音を覚えたら、リズム通り打つ、音をしっかり出す、抑揚やアクセントを付ける、表現をするなど、そこからが本当の練習のはじまりです。

④

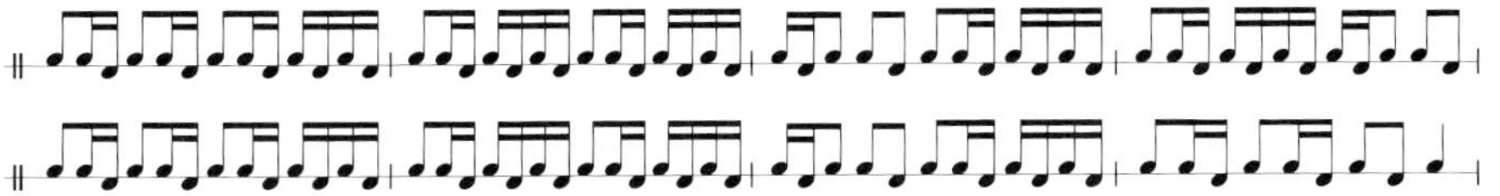

⑤

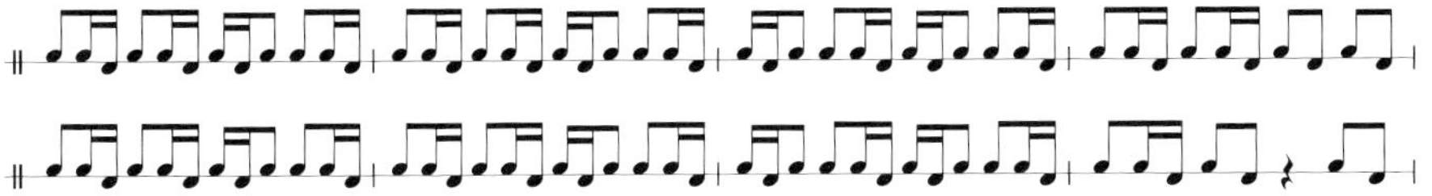

⑥

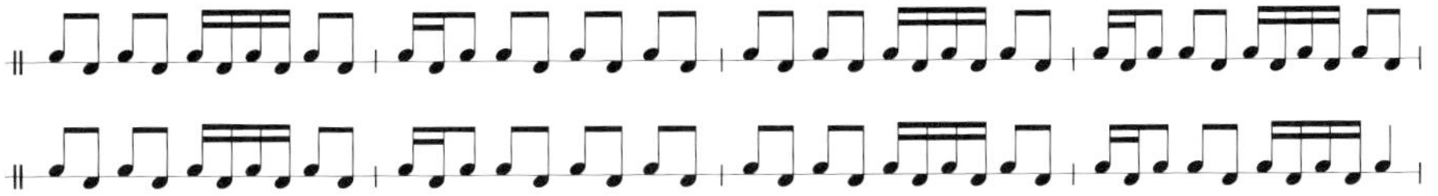

⑦

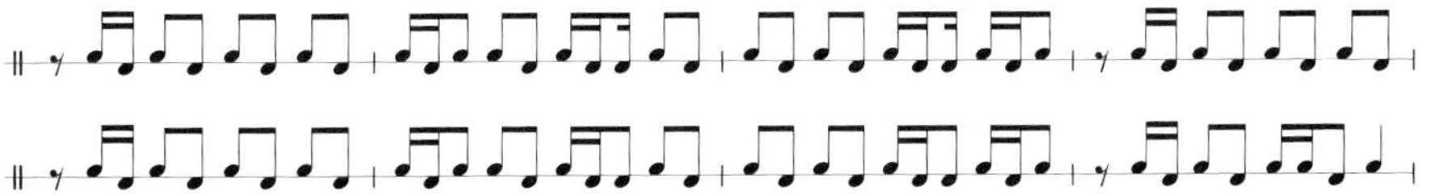

⑧

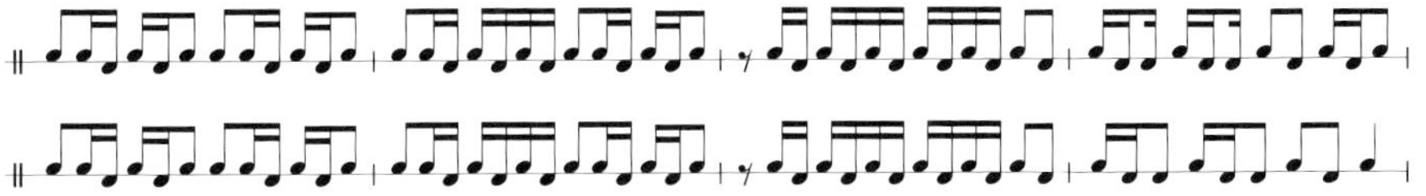

⑨

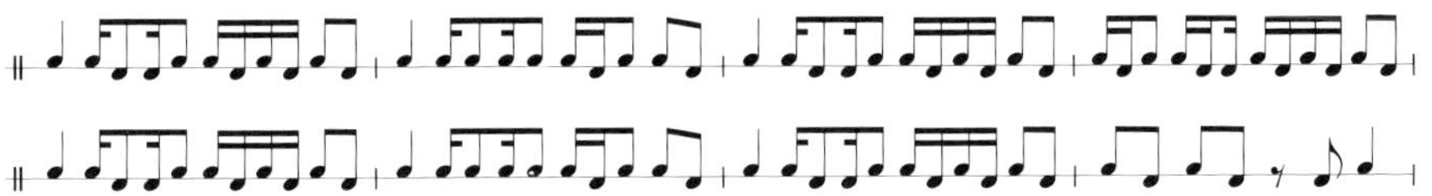

第1章 和太鼓の技術

24 練習方法
2人1組で練習して
改善点を伝え合おう

Point1 2人1組で見る側と打つ側に分かれ、メンバー同士向上し合おう

（吹き出し）鼓面の打つ場所に注意しよう！

（吹き出し）撥がしっかり上がっているよ！

メンバー同士が自立し互いに向上し合う

この練習は2人1組で、打つ側と観る側に分かれます。練習した項目に対し観る側のメンバーが良いところと改善点を伝えることがポイントです。指導者だけが指示するのではなく、自分達で良し悪しや改善点を見つけ合い、伝え合うことでメンバー同士が自立し、互いに向上し合い、改善し合う練習が構築できます。また、他のメンバーの打ち方や出す音を見ることで、自分の改善や気づきにもなります。

Point 2

「言えない」「言わない」は無し

チームで活動していることを意識するため、話す機会を作ることは大切です。言わない子や、どこが良いかわからないと言う子が必ず出てきます。仲間同士、上達して欲しいと思うなら「言えない、言わないは無し」にしましょう。日頃の練習であまり話さない子もいると思いますが、その子たちに発言をうながす良い機会になります。相手のことを思い、伝え方や伝える言葉に責任を持つことも覚えてもらい、ミーティングや演奏前・舞台前の要点チェックやコミュニケーションにもつながります。

Point 3

見落としがなくなり全体的な向上につながる

チーム全体を見るときに、例えば15人や20人の子どもたちに対して指導者だけでは、絶対に見落としが出てしまいます。2人１組で練習させることは、見落としをなくすことも含めて、全体的な向上につながります。また、目線が同じ子どもたち同士で伝え合う意見は素直にとらえ合うケースが多く、要点も把握しやすくなります。それがこの練習の一番の目的です。

Point 4

自分の気付きにもつながる

友達や仲間がやっていることを客観的に見ることになるので、自分の気付きにもつながっていきます。例えば、撥があまり上がらない子が友達が撥をしっかり上げているのを見て、「自分も撥を上げないといけないな」と気付いたり、友達が腰をよく落としていて、音が出ているのを見て、「自分も落とさなきゃいけないな」と気付いたりすることができるのが、この練習の効果です。また、良い点も必ず見つけ合い、メンバー同士で伝え合いましょう。

25 チーム内で競い合う事で個人の音に対する技術、知識、表現を考え養う

ゲーム1 一打の強い音対決（右手編）

①1人目が打つ

片手で撥を一本だけ持ち、どれだけ強い音を出せるかを競い合います。ゲームに参加する人以外の第三者が審判をしましょう。

②もう1人が打つ

交代して、もう1人が打ちます。音色や音量が変わるため、必ず同じ太鼓・同じ撥を使用してください。

ゲーム前の個人練習が良い発見の時間になる

チームにとって足りないこと、苦手なことなど、メンバー間でゲーム感覚で競い合う時間を作ることで、その音や打ち方が大切であることを認識する機会になります。

ゲーム前にはその対決に伴う個人練習の時間を必ず設けましょう。どうしたらその音を出せるか、表現できるかたくさんの方法や考えを試す良い時間となります。ゲームで試す音にこだわることにより、その音への技術力向上や発見する良い機会となります。

③審判が勝敗を決める

審判になった人は、どちらがより強い音を出したか、自分が感じたままにジャッジしましょう。ゲームの審判は必ずメンバー同士で行うことで、音や表現力の良し悪し、また新たな発見を知り判断する機会となり、知識とこだわりを持つ奏者となっていきます。

④チームで話し合う

ゲームのあと、どうすればもっと良い音を出せたかなど、足りない部分を話し合ってみましょう。太鼓はシンプルな楽器ゆえに打ち手の存在が良くも悪くも出やすくなります。知識が少ないと自身での改善や向上の仕方がわからず注意をされても何が良く何が悪いかが伝わりません。こだわりや知識を多く持つことは、太鼓音楽の表現、深さや幅、技術向上につながります。

ゲーム2　一打の強い音対決（左手編）

左手でも同じように、
どれだけ強い音が出
せるか競います。

ゲーム3　小さな音対決

小さな音を出す対決です。
四分音符、八分音符、三打
ち、16分音符、またチー
ム内で使っている音やフレ
ーズなどを使って行ってみ
ましょう。

Point 1

対決の前には練習時間を必ず設けよう

他にも、フレーズや表現をテーマに対決するのもおすすめです。対決ゲームをすることで重要な音、大切な音、打ち方、姿勢、表現力などが大切なことを改めて自覚させる機会になります。他にも、チームにとって足りないこと、苦手なこと、必要なことなどメンバー間でゲーム感覚で競い合うことにより、苦手克服の機会にもつながります。ゲーム前にはその対決に伴う練習時間を必ず作ることが大切なポイントです。その個人個人の練習によって何が大切なことか、どうしたらその音が出せるか、表現できるかを考え試す重要な時間となります。

Point 2

団体戦でゲーム対決をしてみよう

チーム分けし、持ち曲を演奏し合う団体戦もしてみましょう。「人のふり見て我がふりなおせ」といいますが、客観的にメンバーの打ち方や演奏を観ることはとても大切です。団体としての一体感、抑揚、音の強弱、演奏表現等を競い合う中で、自分達で試行錯誤し高め合う時間を作りましょう。何に注意し何が大切かなど団体演奏にとって大事なことを改めて皆で考え、学び合う時間にもなります。また、打ち慣れた楽曲も競争心を取り入れることにより改めて意識向上となり楽曲のブラッシュアップにもつながります。

Point 3

自分達で楽曲を制作してみよう

合宿や長時間練習が行えるときは自分達で楽曲を作り発表し合ってみましょう。簡単な曲、短い曲でも良いので、チーム分けをし、曲を作り合い発表し合ってみましょう。自分達で曲を作ることにより、曲の起承転結、抑揚、表現、個性などを改めて考え認識し合う時間となります。そして、知ったことを表現することで、太鼓音楽をより学び合うきっかけともなり、楽曲の中のさまざまな音やフレーズの大切さを知る機会となります。また作った曲を演奏し合うことにより、楽曲の良し悪しの知識や楽曲制作の体験、また新たな感性の発見にもつながります。

練習方法

楽曲の最中でも通る演奏用の良い声を作ろう

Point 1

演奏に使える声を作ろう

普段話している声ではなく、また、ただ単に叫ぶ声でもなく、太鼓の大きな音の中でもしっかり通る演奏用の声を作りましょう。お腹から出すことを意識して、必ず語尾に小さい「っ」が付くように発声してみましょう。打つ音も声も最後の音を強く出す（締める）ことが重要です。

そぉーれ！

声は太鼓の楽曲に必要な音の1つ

「声は太鼓にとって最も似合う楽器」といわれています。ただ大きな声を出すのではなく、太鼓の音と同じで声も練習して、通る声、映える声など、演奏用の声を作りましょう。掛け声や楽曲の中に入る声は皆でタイミングを合わせる役目や音を合わせる観点から見ても、演奏にも練習にも最も重要です。太鼓の楽曲にとっても非常に必要な音の1つであり、演奏時、仲間を鼓舞する役割にもなります。

Point 2

声の対戦

「よろしくお願いします！」

①ゲーム対決と同様に声で対戦
審判は他のメンバーが行います。実際に演奏などで用いる「宜しくお願いします」「ありがとうございました」「そーれ」「はっ」など項目ごとにやってみましょう。
※対戦前は必ず練習時間を設けます。

Check
「恥ずかしいから声を出せない」という悩みをさまざまなチームから聞きます。「声を出しなさい」というだけでは、なかなか恥ずかしさを払拭できません。このようにメンバー同士で競い合うことによって、声が重要であると認識させるきっかけを作ってみましょう。個人同士で難しい場合は、団体戦で行い、自分の声もメンバーにとって大切だと知る良い機会にもなります。

②審判が勝敗を決める
2人とも声を出し終わったら、審判が勝敗を決めます。

27

練習方法

アドリブ、ソロ回しの打ち合い

アドリブ、ソロ回しにはさまざまな効果がある

　アドリブ、ソロ回しには①小節の長さをカラダで覚える。②音のズレが理解しやすい。③他の人のソロを聴くことで新たな音の解釈やフレーズの幅が増える。④自分と同じユニゾンパートに合わせるのではなく地打ちを聴く癖や耳ができる。といった効果があります。慣れたら、尺の長さや地打ちのテンポ、種類を変えて行いましょう。アドリブがわからない人は基礎練習で使っている音やフレーズなどで十分です。

Point 1

いろいろな太鼓で打ってみよう

大太鼓、長胴太鼓、締め太鼓などいろいろな太鼓でも打ってみましょう。低音や高音などそれぞれに適した音の出し方、フレーズなどを覚え体験し、さらに和太鼓に興味を持たせ向上させるきっかけにもなります。

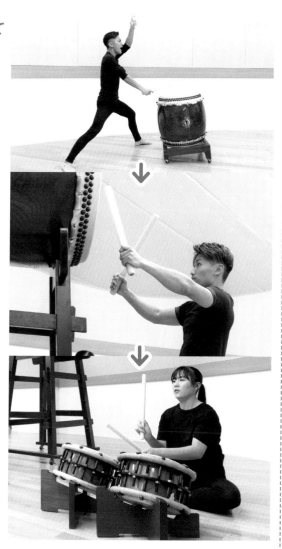

第2章
舞台で生きる
表現力

28 撥先の表現

撥の振り幅、高さを変えて目で見る音の強弱と剛柔表現

Point 1

大きな音はカラダの動作を生き生きと打つ

大きな音、強い音は撥先を立て、振り幅を広く高く上げ、腕や撥の振りの速さで迫力を表現するようにしましょう。姿勢、立ち姿、表情、撥先までが生き生きとしており、止まる・動くの瞬発力、またカラダ全体を使った躍動感が大切です。

Point 2

小さな音は振り幅狭く鼓面の手前側を打つ

小さな音、控える音は、撥先を下げ振り幅は狭く揃えます。右足を引き、前傾姿勢を取り、腕と撥をしっかりと伸ばしく鼓面の手前側を打ちます。締太鼓の場合は奥側になります。

強、中、弱の表現として撥の振り幅を変える

　和太鼓演奏は表現力が欠かせません。耳で聞く音だけではなく目で見る音も大切です。目で見る音の強弱を表現するには、左右の撥を揃え、撥の振り幅、高さを音の強弱により変えていきます。一般的には撥先を高く上げると強い音とし、撥先を下げることにより小さい音の表現方法となります。中間の音のときは、その中間の音の高さを上手に使い撥先を振る高さの表現で、見る側にもより一層強弱が伝わりやすくなります。

Point 3

中間のやわらかい音は
しなやかに撥先を
遅らせて打つ

やわらかい音、優しい音は撥先を遅らせて手首側からしなやかに腕、撥を上げていきます。やわらかさを上手に表現できると、強い音などがより一層際立つことができます。腕と撥先をしなやかに表現し、やわらかさを上手に使いましょう。

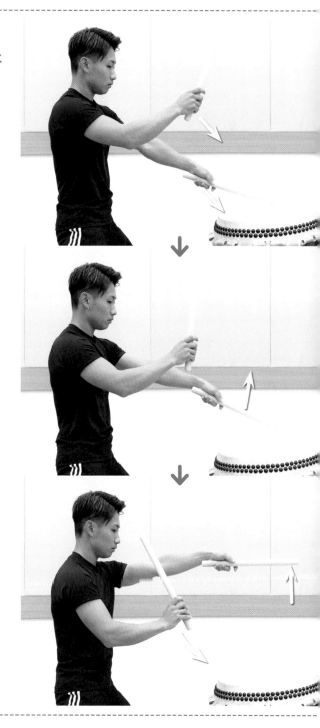

演奏時の表現

㉙ 音を出していないとき、止まって いるときこそ表現を工夫しよう

Point 1 いつでも打ちはじめそうな気迫(きはく)を感じさせる

休んでいるように見えたり、打っている人の緊迫感(きんぱく)を削(そ)ぐような待ち方はやめましょう。

緊張感を持って常に積極的に演奏に参加する

　打っていないときこそ表現者として積極的に演奏に参加しましょう。打っていない、演奏していない場面で休んでいるように見えたり、待っているように見えてしまうと、せっかくの楽曲の雰囲気、流れや緊張感を損なってしまいます。止まっていてもいつでも打ち始めそう、動きはじめそうな気迫を感じさせるようにしましょう。他にも、音を出していないときや休符の部分、間の部分こそ演奏時より表現を工夫しましょう。

Point 2

休んでいるように見えると演奏全体の緊張感を損なってしまう

　例えば大太鼓がソロを打っているなど、楽曲の中で自分が打っていない瞬間はたくさんあります。そのとき、自分のパートではないからといって、休んで見えてしまうことにより楽曲全体の雰囲気を損ないます。気が抜けて、撥をだらんと下げていたり、太鼓をはじめたばかりの人で、髪の毛を触ったり、かゆいところをかいたりする人もいます。それをしてしまうと、今せっかく打っている演奏を損なってしまいます。ましてや、曲の中で休んでいるように見えると、そこで緊張感が抜けてしまいますので、見ている方もそこで興ざめします。打っているときはもちろんですが、音を出していないときこそ、今にも打ち出しそうな緊張感を持って、表現者として演奏にプラスになるように積極的に楽曲に参加しましょう。

太鼓の迫力

30 撥や腕の振りの速さが 演奏に迫力やメリハリを生む

Point1 ギリギリまで待つことにより瞬発性を生む

\1・2・3・4/

\ドン!/

Point2

細かく止める部分を作ることでメリハリが生まれる

演奏中は常に腕やカラダを動かしていると、振りや動きが鈍くなる場合もあります。特に音を合わせにいったり、置きにいってしまうと振りが鈍くなります。演奏の中でも細かく動作を止める部分を作ることにより、次の動きが速く鋭くなり、

演奏や打ち方にメリハリや瞬発性が生まれます。太鼓＝迫力のイメージは強いです。打ち込む、振り抜くといった振りの速さは迫力をイメージする太鼓演奏にとって表現として最重要です。

振りの速さの重要性

太鼓の迫力を出すには、音はもちろんのこと、打ち手の振りやカラダの動作の大きさや躍動感、動く・止まるの瞬発性が重要です。中でも振りを速くさせるのは最も有効な表現力で、例えば、「1・2・3・4」のテンポで全音符を打つ場合、4の時点で腕を振り下ろしはじめている人が多いです。そうすると、振りも鈍くなり迫力のある音も出せません。ギリギリまで待ち、瞬発的に速く振ることで、より迫力のある演奏につながります。

Point 3

撥を上げる、撥を指すなどの所作は1つのアクセントの音で上げ止める

演奏中に撥を上げたり、撥を指すなどの所作をすることがあると思いますが、打つ音と所作の撥の動きが合っていないことを多く見かけます。撥を上げたり、撥を指すときなど、ただの所作ではなく、1つのアクセントの音で上げる止めるを意識しましょう。音が止まっているのにまだ撥や腕が動いていたり、鋭い音なのに撥がゆっくり上がっているなど、打つ音と所作のバランスを考え、動作を統一化しましょう。

31 すばやい振り
風を切る音を鳴らしながら素振りをしてみよう

Point 1　素振りで風を切る音を出す

ブン!

素振りのときは撥先が下がったり手首が折れたりしないように注意しましょう。また、太鼓を下でイメージするのではなく、しっかりとヒジを前に出し、前で打つイメージで行ってください。

Point 2

遅い音を速く振る練習

遅い音を遅く振る、速い音を速く振るのは当たり前ですが、遅いリズムやフレーズをすばやく振る練習をしてみましょう。ゆっくりな音を速く振り音を出してみると、撥と腕が機敏な動きになり、音がはっきりと聴こえるようになりませんか？　リズム

やフレーズの速さはそのままで速く振ると、当然、間が長くなり止まっている長さが増えます。止まる→振る！→止まる→振る！

という感覚で、遅い打ち方のメリハリと、間が多い音をすばやく振る感覚を身につけることができます。

撥を速く振り下ろす感覚がつかめる

「太鼓を打たずに、撥を素振りしてください」というと、たいてい、自分の力のできる範囲でしか振りません。「ブンと鳴らしてみてください」というと、太鼓を気にせず、風を切る音を鳴らすことに専念するため、今までに振ったことのないような速いスピードの振り下ろし、振り上げの感覚がつかめます。太鼓演奏時にも振る変化が出てきます。最後のインパクトの瞬間の使い方にも良い影響が出ます。

フレーズを素振りする

風を切る音が出るスピードで、素振りでフレーズをするのも良い練習になります。

素手で素振りをする

撥を持たずに、素手で素振りの練習をするときも、手でブンと鳴るように素振りをしてみましょう。

Point 3

速いリズムやフレーズで負荷をかけよう

撥や腕の振りをもっと速く迫力を出したい、躍動感を出してカラダを使って打ちたいというときは、あまり打ったことのない速いテンポのリズムやフレーズを打ち、負荷をかける状況を作ることで、速く振らないと間に合わない、カラダを使わないと腕だけじゃ振れない状況など、自然に腕やカラダの使い方に慣れていきます。ただし、速い音やフレーズの練習はやり方次第では、音が雑になりがちなので、チーム全体で目的をしっかり把握して行いましょう。

32 音の表現

耳で聴く音と
目で観る音はセット

題名やストーリー性を把握して表現しよう

　和太鼓演奏で題名やストーリー性を表現する際、必ず楽曲の中では強弱や緩急、陰陽が作られています。メロディー楽器を用いていない限り題名やストーリー性、抑揚、喜怒哀楽、起承転結を伝えるのは打ち手やチーム全体の表現力が必須です。そのため目線やカラダの使い方、撥の動かし方、声など演奏する音に対してより深みや色合い、表情、抑揚を付ける表現力は「観る音」として楽曲にとって大変重要となります。

Point 1

メンバー全員で楽曲のストーリー性、構成を確認しよう

　楽曲を演奏する際にその曲の題名を意識していないケースがよく見られます。楽曲には必ず題名があります。改めてメンバーで演奏する楽曲の表現方法を考えてみましょう。始まりのこの音は何を表しているのか？　中間の小さな音は優しさなのか、悲しさなのか？　後半の強い音の連打は激しさなのか、勇気を表しているのか？　など、ただ単に譜面上の音を間違わないように演奏するのではなく、その楽曲を演奏する奏者が何を伝え何を表現しているのかを考え理解し共感し演奏することは、人の心に訴える音楽という分野には絶対に欠かせないものだと思います。

この大きな音は？
激しさ、勇ましさ、楽しさ…
この小さな音は？
優しさ、悲しさ、儚さ、静けさ…

目線

33 目線を合わせることで演奏に統一感が生まれる

和太鼓演奏にとって最も大切な表現の１つ

打ち手の表情は和太鼓演奏にとって最も大切な表現の１つです。客席から演奏を観る場合、その大半が打ち手の顔を観ていることが多いです。

楽曲内のワンシーン、ワンシーンに対し、よりその楽曲を表現する表情や目線を取り入れましょう。撥を揃える、音を揃えるのであれば目線や表情も揃えることは大切です。

Point**1**

顔を上げて
目線を統一する

チームの一体感を出し、
表現力を出すためには
目線を統一しましょう。

Point**2**

1人だけ下を見ている

写真のように、1人だけ下を向いていたりすると、統一感やアピール力を損ないます。楽曲の場面場面によって表現の仕方は変わりますが、表情や目線まで統一感を出すことはチームプレーが重要な和太鼓演奏にとって大切なことです。

第2章 舞台で生きる表現力

表情

34 楽曲や雰囲気にともなった 自然な表情をチームで揃える

各パート、各場面ごとに表情を揃える

　楽曲や雰囲気にともなった自然で作られていない表情ができているかも、客席から観たときに大切なポイントです。作ったような表情をしていると、お客さんにすぐに見破られてしまいます。

　また、チーム全体を通し各パート、各場面ごとに目線や表情が揃っているかも大切です。個人個人ではなくメンバー全員で場面場面の把握をし、それにともなった表情を揃えましょう。

Point 1

表現したいこと、伝えたいことにあった自然な表情をしよう

各楽曲やシーンによって力強い、楽しい、真剣さなどさまざまな表情があると思います。表情がバラバラだと見る側もイメージがふくらまず、演奏まで揃っていないように見えてしまいます。

第3章
和太鼓に
必要な心

35 練習は考えることから
考えることが、個人としての成長を促す

なぜ、この練習が必要？

なぜ、そう指導されたの？

自分が得意なことは？

できないことをどうすれば？

考え、学ぶことを習慣付けよう

チームを作ったり、打ち手を育成したりするには、
外側より先ず中身の成長を促すことが大切です。

どうしたら生きた音が出せるか？
どうしたら覚えることができるか？
どうしたらあのリズム、あの音が打てるか？
どうしたら音を合わせられるか？
どうしたら間違わないようになるか？
どうしたら表現が伝わるか？
どうしたら良い演奏ができるのか？

このように、まず練習は考えることから。
「気づき→考え→試行→失敗→工夫→修練→習得」
のサイクルが個人としての成長を促します。

言われたからやる、決められたことだからやる、みん
ながやっているからやる、ではなく自分自身が考え、
学び、理解し、納得し、把握し、行動に移すことこそ
が練習であり、それを習慣付けることが打ち手として
だけではなく、太鼓を通じ自分自身の成長にもつなが
ります。

心技体

36 打ち手としての中身、人間力を育てよう

心

技　体

打つのも人間なら見るのも人間。
どんなに良い衣装を着ても、どん
なにかっこつけて演奏しても、決
して心はだますことはできません。
一緒に心の研鑽に努めましょう。

太鼓がいつの時代、どの地域でも愛されるのは
「心」の分野があるからこそ

決して「技」や「体」が、「心」よりも上にいくこと
はありません。これこそが日本文化の最も大切なこと
であり、礎だと思います。

遠き昔より太鼓の音が人間の暮らしに必要とされ、太
鼓の音を使った音楽は永きに渡り伝承されて来ました。
また、今では世界中に太鼓が普及され親しまれていま
す。いつの時代にもどの地域にも愛される太鼓の音は、
技術や言葉だけではない、心の分野があるからこそだ
と思います。打つ側の心が太鼓の音と一緒(いっしょ)に表現され、
観る側の心を魅了(みりょう)し続けてきたからこそ、太鼓は現代
においても愛される文化だと思います。

太鼓だけに限らずスポーツや習い事、部活動、クラブ
活動、教室、各地域の民間団体等、子どもたちの成長
を第一の目的として、結成され活動されていると思い
ます。練習や訓練、稽古の過程で教えられるばかりで
はなく、自分自身で何が大切なことなのかを考え紐解
き、導き出すことこそが大事なことであり、一人の人
間と成る貴重な経験となります。

37 感謝

メンバーや支援者、職人の方々など すべての人や物に感謝しよう

道具への
感謝

職人の
方々への
感謝

作曲者への
感謝

支援者への
感謝

感謝をすることで取り組む姿勢が変わる

太鼓の皮や胴、撥に使用されている皮や木が全て生き
物から作られている尊さを認識することで、ただの
"物"では無いことに気付き、太鼓や撥の扱い方が変わ
ります。

太鼓を製作することの大変さや想いなど、実際に太鼓
を製作されている工房や職人の方々から話を聞くこと
で太鼓の打ち方が変わります。

作曲者の願いや想いを聞き、また自分達で曲を作って
みることで楽曲の難しさや大切さを知る機会となり、
演奏の想いが変わります。

チーム結成時の創設者や代表者の想い、初めて太鼓を
購入した時の経緯、支えて頂いている方々、仲間やメ
ンバー、日々の練習場所の確保、楽器、備品、時間等
への感謝を知り、理解することで活動に取り組む姿勢
が変わります。

38 人間力

客観的に自分たちの演奏をとらえよう

太鼓を好きになれば
詳しくなる

詳しくなれば自分の良いところ、
苦手なところがわかる

長所短所がわかれば改善する

改善されれば上達する

上達すれば楽しくなる

音楽は決して無くなることはない

太鼓には上手い下手以外の力が存在すると思います。それは演奏する側も聴く側も同じ心を持った人間だからこそ、共鳴し合い互いの感動を生んでくれるからです。

誰かに聴いていただく、観ていただくという前提で楽曲を練習するのであれば、自分達の満足だけではなく聴く側、観る側の視点に立ち自分達の演奏をとらえてみましょう。

そして何よりも練習、稽古、本番を通して自分達を客観的にとらえ、判断し合い、考え合い、失敗を重ねながらも諦めず、改善し合い、挑戦し合い、思い支え助け合い、協調し合い、切磋琢磨できる仲間達を作り合う人間力を育むことが大切です。

音楽は人間に必要だったからこそ生まれ、今日まで普及して来たと思います。私たちには心があり、伝えたいことがあり、表現したいことがあり、共感するものがあり、寄り添えるものがあります。だからこそ音楽は表現するツールとして決して無くなることはないと思います。今、太鼓活動にがんばっている子、また将来太鼓に興味を持ってくれる子どもたちが日本の伝統文化として未来にどんな太鼓を演奏しているのか、本当に楽しみです。

知識、こだわりの多さが楽曲に反映する

39 知識や経験が墨絵のような 楽曲に彩りと深さを出す

知識・経験

基礎練・ 曲練の中で 考え・改善する

彩りと深さのある楽曲

音楽の構成として、強弱、緩急（かんきゅう）、音階、陰陽（いんよう）はあって
もリズム主体である和太鼓音楽はメロディーの無い墨
絵のようなもの。なぜ、メロディーの無い音楽が人を
感動に導くことができるのか、それは打ち手自身が経
験して来た心が背中や動き、表情や出す音にでるから
こそだと思います。そして、知識や経験が音の一つ一
つ、また楽曲全てに彩りと深さを映し出します。

代表者や指導者から指導されたことだけを練習するの
ではなく、奏者、打ち手、メンバー自らが普段の基礎
練、曲練の中で考え、動き、改善し合うことで気持ち
や出す音、表現が変わります。

興味があるものと出会い、努力を覚え、失敗を経験し、
競い合い、勝者敗者の気持ちを知り、本気で取り組み、
自分自身と向き合うからこそ経験という財産を身につ
けることができます。これからの人生の中で「太鼓を
やったから良かった」と思う瞬間を1つでも多く感じ
てくれることを願うばかりです。

和太鼓の歴史

　日本の伝統楽器「和太鼓」は、日本を代表する伝統楽器の一つと言われ、古い文献や土器からも出土し、縄文時代のころから日本に存在していたと言われています。

　長野県茅野市の尖石遺跡では「有孔鍔付土器」も出土しており、群馬県佐波郡境町の前橋天神山古墳からは「太鼓を打つ人物埴輪」像が出土し、古墳時代（3世紀末～6世紀）には日本に太鼓が存在していたことが証明されています。

　初めて文献に登場するのは712年に成立した「古事記」で、縄文時代～古墳時代には音楽や楽曲の中に用いられたものではなく、情報伝達の手段として使われていたと考えられています。

　古来中国より伝わって来たとされる"鼓"は、宮廷音楽の「雅楽」から登場し、室町時代に流行した「能楽」、また後の江戸時代に流行した「歌舞伎」を経て枠（調桶）に皮を鋼に引っ張り締める「締太鼓」として発展したとされます。

また、電気の無い昔、拡声器やスピーカーなどが無いため、より大きな音を出すことができる「長胴太鼓」は広く遠くまで伝えられる時を告げたり合図として重宝され伝達手段としてさまざまな場面に活用されたと言われています。木をくり抜いた胴に皮を鋲で直接留める「長胴太鼓」は飛鳥時代から用いられ、平安時代に入ると陣太鼓として戦の合図や士気を高めるためにも用いられました。

　長胴太鼓は江戸時代以降、時や合図、神社の神具、寺院の仏具、収穫や雨乞い、民衆を集めたり告知するときのふれ太鼓、祭り、盆踊りなど、楽器としてだけではなく、日本のさまざまな場面に幅広く活用された。

　現在では、日本の和太鼓は『TAIKO』として世界中の団体やチーム、演者や奏者、愛好家も大変多く、各国各地域独自の感性や発展を遂げ文化としても根付いています。

和太鼓の主な説明

長胴太鼓（宮太鼓）

太鼓といって思い浮かべるのがこの長胴太鼓で、宮太鼓ともいわれくり抜きの胴に鋲で皮を貼ったものです。

桶胴太鼓

桶のように細い板を張り合わせて胴が作られている太鼓です。音の高低を作ることもでき、小さいものでは長胴太鼓より軽いので担いで打つことができます。

締太鼓

皮を紐やボルトなどで締め上げ、他の太鼓に比べ高い音を出すことができ、演奏の地打ちに多く使われる太鼓です。

大太鼓

長胴太鼓の中でも、特に2尺以上の大型の太鼓を大太鼓と呼びます。

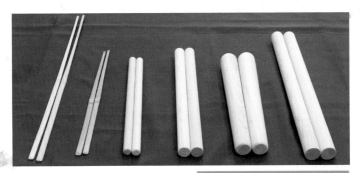

撥

樫(かし)やブナ、桧(ひのき)などさまざまな材質の撥があり、太さや長さ、硬(かた)さ・やわらかさ、重さ・軽さ、ペーパー撥などたくさんの種類があります。太鼓の大きさやカラダに合ったものを選びましょう。

摺鉦（当り鉦）

お囃子(はやし)には欠かせないもので、鹿の角が付いたしゅもくというもので音を鳴らし、演奏を囃(はや)し立てます。

チャッパ

小型のシンバルとして音をリードし、アクセントとしても使え、最近ではチャッパだけの演奏もあります。

うちわ太鼓

円形の枠に一枚皮を張り、その名の通りうちわのような形をした太鼓です。さまざまな大きさがあり、音階(しか)を作ることもできます。また、片手で打ちながらの演奏にも取り入れられています。

おわりに

今回は私が指導させて頂いた「創作太鼓」の分野にて長年培った経験の中で効果のあった指導法をいくつか紹介させて頂きました。

文章にて全て説明させて頂くことは難しいものがありますが、
応用して使える練習方法もたくさん紹介しておりますので
それぞれのチーム事情の中で、
苦手克服、技術やチームワーク向上、メンバーの成長等活用してみてください。

太鼓を愛し太鼓に携わる方々の少しでもお役に立てれば幸いです。

"太鼓が先か、人間が先か"

どんな分野でも圧倒的に卓越した技術は人々を感動させるものがあると思います。
ただしそこまでの領域に達する方々も想像を絶する程の努力の道を歩かれて来た「人間力」だと思います。

「太鼓が上手になって欲しい訳ではない、せめて礼儀作法や人として成長してくれれば……」
多くの御父兄の方々から良く耳にします。

きっかけは友達がやっているから、
お祭りやイベントで観たからなどで太鼓に興味を持ち活動がはじまり、

見よう見真似で練習をし、
自分が続けられるかどうかに戸惑い、
演奏する目標ができ、

みんなと一緒に努力を試し、
本番で間違える悔しさとできないことを知り、
何度も続ける、辞めるの選択を仲間と一緒に乗り越え、
太鼓の大切さを知り演奏が変わり、
拍手を頂くことに感謝を覚え、
技術が上がることで礼節を学び、
悩み苦しむ仲間に対し心を育て、
大きな目標に向かう練習と努力の過程で成長していく。

「赤ちゃんが歩き出すときに、親が心配し手を出してしまうと歩くのが遅
れる」と聞いたことがあります。

危なかしく、頼りなく、
心配になる子ども達に対し、
大人や指導者はどうしても先に口を出したくなるものですが、
彼らがこれから進む社会で思いっきり自分として生きられるよう、
太鼓の練習の中でたくさん失敗し、間違いを経験させ、自分を磨き、育ち、
自立させていく時間と成ることが何よりも本当は望ましいことであり、
長年、たくさんの子ども達に携わらせて頂いた私が最も感じたことです。

"練習は考えることから"

太鼓は経験を作り、出会いを作り、人を作る素晴らしい文化です。

一人でも多くの子ども達が、
「太鼓をやって良かった」と思ってくれることを
心から願っています。

和太鼓集団 野武士 代表
川原邦裕

監 修

川原邦裕 (かわはら くにひろ)
和太鼓集団 野武士 代表

1965年12月22日生まれ。1998年、福岡県旧山田市（現嘉麻市）にて和太鼓集団「野武士」結成。2012年、中国上海「世界Unpluggedフェスティバル」日本代表。2013年、ドイツ、ミュンヘン公演。2015年、アメリカ、ロサンゼルス「南カリフォルニア日米協会」総会ディズニーホテルゲスト出演。2016年、アメリカ ニューヨーク「9.11追悼公演」出演。2017年9月、アメリカ ロサンゼルス、ラスベガス8カ所ツアー。2018年8月、ロシアモスクワ10万人を超えるモンスターイベント「J-FEST2018」メインゲスト出演。2019年10月、「日本初インターナショナルフェスティバル大阪」日本代表。2019年10月、「日本初インターナショナルフェスティバル大阪」日本代表。2022年11月、ペルー「福岡県人会世界大会」及びリマ公演。他に台湾、韓国など、世界各国、また日本全国にて年間80箇所ほどの舞台、演奏、公演活動の傍ら、全国各地の和太鼓団体、ジュニアチーム指導、ワークショップの開催等活動中。また、海外においても他ジャンルのアーティストとのコラボ、楽曲提供、ワークショップ等を展開。公益財団法人日本太鼓財団主催「日本太鼓ジュニアコンクール全国大会」指導団体「和太鼓たぎり」全国優勝三連覇。

モデル 植田晃太郎、長副祭之路、長副 萌、
黒土陸斗、中山愛咲

STAFF
●編集/浅井貴仁（ヱディットリアル株式會社）
●デザイン/田中宏幸（田中図案室）
●撮影/品川英貴、123RF

魅せる和太鼓　上達のコツ
音の響きとリズムを極める！

2023年3月5日　　　第1版・第1刷発行

監修者　　川原　邦裕（かわはら　くにひろ）
発行者　　株式会社メイツユニバーサルコンテンツ
　　　　　代表者　大羽　孝志
　　　　　〒102-0093 東京都千代田区平河町一丁目1-8
印　刷　　株式会社厚徳社

◎『メイツ出版』は当社の商標です。

ご意見・ご感想はホームページから承っております。
ウェブサイト　https://www.mates-publishing.co.jp/

編集長：堀明研斗　企画担当：堀明研斗